(Seine et Oise)
Charles Rochet
4L99
AF586914
BIBLIOTHÈQUE NATIONALE
BF
IMPRIMÉS

NOTICE HISTORIQUE

SUR

LA STATUE ÉQUESTRE

DE

CHARLEMAGNE

PAR

CHARLES ROCHET

CORBEIL
IMPRIMERIE LOUIS DREVET

—

1896

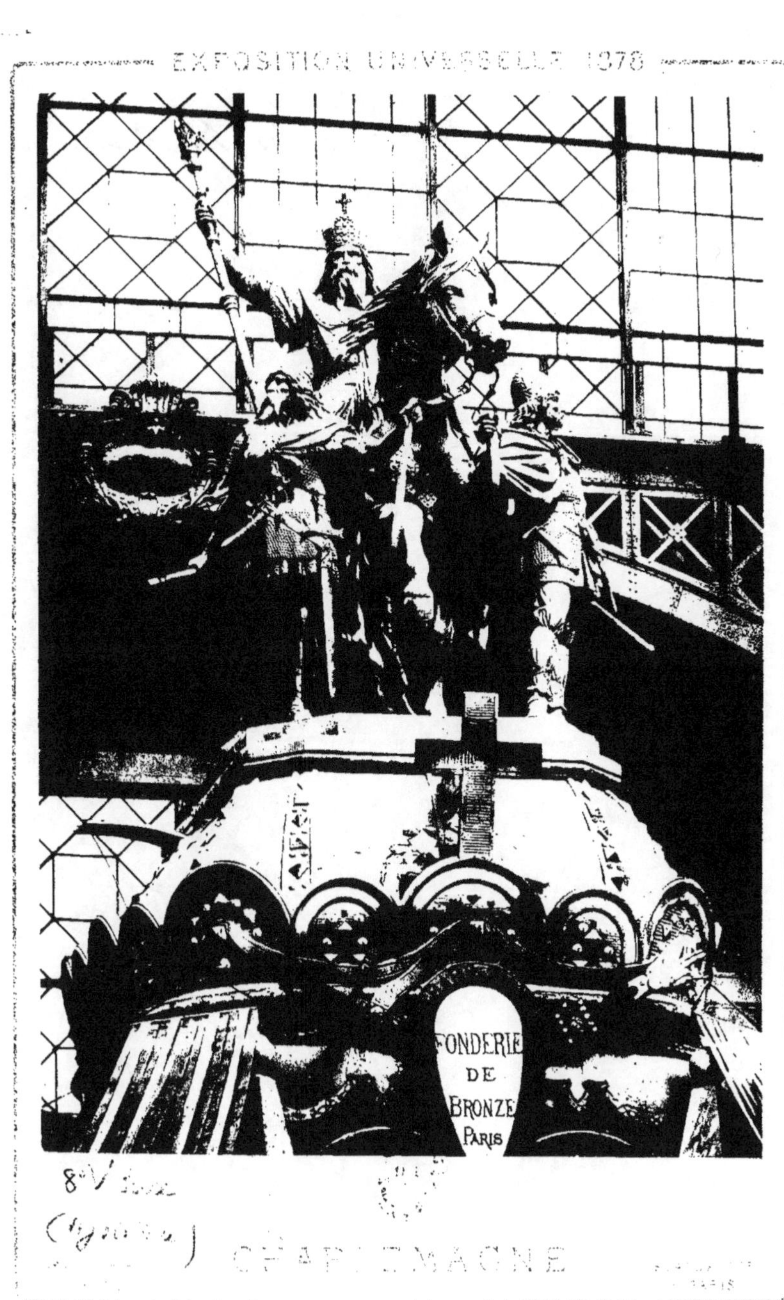
EXPOSITION UNIVERSELLE 1878
FONDERIE
DE
BRONZE
PARIS
CHARLEMAGNE
PARIS

[illegible] des auteurs [illegible]

Charles Rochet

NOTICE HISTORIQUE

SUR

LE GRAND GROUPE ÉQUESTRE EN BRONZE DE CHARLEMAGNE

ÉRIGÉ AU PARVIS NOTRE-DAME

ET APPARTENANT A LA VILLE DE PARIS

ŒUVRE DU SCULPTEUR LOUIS ROCHET, DÉCÉDÉ

SUIVIE DES DÉSIDÉRATA DE L'ARTISTE

POUR L'ACHÈVEMENT COMPLET DU MONUMENT

PAR

CHARLES ROCHET

SON FRÈRE, COLLABORATEUR ET UNIQUE HÉRITIER

AGÉ AUJOURD'HUI DE 80 ANS

Tirage à peu d'exemplaires, exclusivement réservés pour MM. les Conseillers Municipaux, le Ministère de l'Instruction Publique et des Beaux-Arts, et les amis de l'auteur.

CORBEIL
IMPRIMERIE LOUIS DREVET

1896

IMPRIMÉS

Pièce 8° V

IMPRIMÉS

COMMENT SE FIT CETTE STATUE

LA PREMIÈRE PENSÉE

L'idée première de cette statue remonte à 1851; c'est lors de l'inauguration de notre grande statue équestre de *Guillaume-le-Conquérant*, en Normandie, que MM. Guizot, de Caumont, et d'autres encore, dirent à mon frère ces paroles qui firent une grande impression sur nous et que je rends textuellement : « Monsieur Rochet, puisque vous avez si bien réussi à « rétablir la grande figure de celui qui a conquis « l'Angleterre, il faut pousser plus loin vos études « et chercher à nous reconstituer la grande figure, « plus grande encore, de celui qui a vaincu les « Saxons et les a amenés, eux aussi, au christia- « nisme et à la civilisation. »

Plus tard, Henri Martin me tint aussi à peu près le même langage.

Mon frère, que cette idée tourmentait, mit longtemps à savoir comment représenter un Charlemagne et en faire une œuvre historique autant que nationale, car les documents sont rares, et l'on n'avait pas, comme pour Guillaume, la tapisserie de Bayeux.

OU EST NÉ CHARLEMAGNE?

PREMIÈRE DÉCOUVERTE

Premier point de départ des recherches de mon frère : — *Oui, où est né Charlemagne?* — Et mon frère, qui était un chercheur infatigable, découvrit que Charlemagne n'était pas Allemand, que sa famille paternelle était originaire de la Belgique, que sa mère était Hongroise; que son bisaïeul, Pépin d'Héristal était de *Herstal*, petit bourg des environs de Liège, et que lui était né dans un des douze châteaux des bords de la Seine ou de l'Oise, dans l'*Ile-de-France*, dont Paris était la capitale depuis Clovis.

J'ai déjà écrit cela, et je n'y reviens pas; donc toute

autre version doit être abandonnée, et malgré que nos gredins de poètes fassent toujours rimer *Charlemagne* avec *Allemagne*, notre grand homme est bel et bien Français, autant qu'on pouvait l'être à cette époque, et de plus il a été presque Parisien. (1)

Voilà un point bien acquis, passons à un autre. (2)

LA COMPOSITION DE LA STATUE

DEUXIÈME DÉCOUVERTE

Mon frère, poursuivant ses recherches, découvrit plus tard qu'un jour notre grand monarque, étant en Espagne, fit une entrée solennelle à Saragosse, le sceptre en main et escorté de deux écuyers qui tenaient les rênes de son cheval ; il n'hésita plus, sa composition était trouvée ; et, sans aller à la recherche d'une commande que certes il n'aurait pas obtenue, je dis plus loin pourquoi, il fallut tout de suite se mettre à l'œuvre. Et je frémis encore quand je pense au jour où je jetai sur l'armature la première poignée de terre glaise.

Ce qui déterminait mon frère à agir ainsi, c'est que du même coup il avait trouvé cette belle idée, unissant la légende à l'histoire, car pour ces temps éloignés les deux choses se confondent, il prit pour écuyers les deux plus célèbres paladins de notre vieille France : Roland et Olivier, ce qui servait à honorer à la fois trois grands hommes de notre pays dans une seule œuvre.

Et ce qui fait le mérite d'une pareille composition, c'est que cela donne *une façade* à la statue équestre, qui, d'ordinaire, ne présente que des côtés. Cette statue est donc à la fois la plus grande des statues équestres connues et la plus complète.

---

(1) Non, mille fois non, il n'était pas Allemand, et surtout, et moins encore, de l'*Allemagne prussienne*, comme on l'entend aujourd'hui.

(2) Voir le remarquable rapport de M. L. Polain, correspondant de l'Institut, fait à l'Académie royale de Belgique. (Bruxelles, 1856.)

L'ŒUVRE D'ART

LE TRAVAIL DE L'ATELIER

Je ne m'attarde pas à décrire ce qu'est le travail matériel pour une pareille œuvre, où la fatigue du corps l'emporte souvent sur celle de l'esprit, car tout est exceptionnel dans une grande sculpture aussi exceptionnelle, qui comprend trois hommes et un cheval et du double de nature. Comprenez bien la valeur cubique du *double de nature dans des reliefs* ; prenez un dé à jouer et cherchez à le doubler, et vous vous en rendrez compte.

Deplus, il y a un fait technique dans l'exécution des statues, pour le bronze, qu'il est bon d'expliquer et qui n'a rien de commun avec ce qu'on fait pour les grandes sculptures en pierre qui décorent les grands monuments, comme par exemple le beau groupe de Rude à l'Arc-de-Triomphe, ou le fronton de la Madeleine : là, le sculpteur fait son modèle à la moitié, ou au tiers de l'exécution, tranquillement, dans son atelier, et, ce sont des praticiens dont c'est le métier qui, en quelque sorte mécaniquement, le copient sur place à la grandeur voulue.

Mais ici, il n'en est pas de même pour une grande statue qui fait monument à elle seule, et surtout pour une statue équestre qui doit être vue de tous les côtés ; il faut modeler son œuvre à la grandeur tout de suite, la pétrir de ses mains dans la terre glaise accrochée à une armature solide ; et, quand c'est un cheval, le soutenir sous le ventre, car les jambes ne portent rien.

Ajoutez que, quand l'œuvre est de grandes dimensions, comme la nôtre, il faut un échafaudage en planches de plusieurs étages, qui en masquent la vue. Et si, dans la chaleur du travail, vous vous reculez en arrière pour juger de votre effet, vous risquez de tomber à la renverse, comme cela est arrivé à mon frère, qui est tombé sur le bras, de la hauteur de cinq mètres, ce qui nous a forcés de suspendre le travail pendant quatre mois.

Joignez à cela, comme fait particulier, que mon frère était un ours à la besogne ; que, ne fumant pas, ni moi non plus, il n'aimait pas les visiteurs, les flâneurs d'atelier, ce qui nous accablait de fatigue, surtout en été, où l'on travaillait ainsi douze heures par jour. Et, comme mon frère n'a jamais fait d'élèves, c'est moi, toujours moi, qui me trouvais accroché auprès de lui, travaillant, lui d'un côté, moi de l'autre, ou bien, l'un en bas, voyant des yeux ce que l'autre, en haut, pétrissait avec ses mains. Et sur une terre humide qu'il faut constamment arroser en la couvrant de linges mouillés en été, et la protéger contre le froid, en hiver, car, par une forte gelée, en une nuit tout peut être anéanti.

Et ce n'est pas fini ; vous avez ensuite le moulage, c'est-à-dire la transformation de l'œuvre en plâtre ; la coupe des morceaux, leur remontage, les préparatifs pour la fonte et le jeu des moufles, des crics, des chèvres, les charpentiers qu'il faut employer, etc., etc.

Et un grand atelier qu'il a fallu construire ou approprier à ce genre de travail : que de frais, que de dépenses ! Ah ! je conçois que peu d'artistes soient capables de tenter une pareille épreuve. Il fallait toute l'audace d'un rêveur de grandes choses, comme était mon frère, pour oser l'entreprendre.

J'ai fait un relevé de ce que ce travail nous a coûté ; je n'ose en prononcer le chiffre : aujourd'hui qu'il est mort et que je suis ruiné, je craindrais d'être blâmé pour la part que j'y ai prise.

Comment nous, sans fortune personnelle, qui n'avions pour vivre que notre travail, oser faire une aussi grande sculpture uniquement pour compter sur la postérité, la postérité, hélas ! qui est-ce qui parle de cela aujourd'hui ! — ou pour le simple orgueil de faire plus ou mieux que les autres ? C'est la peine que je subis en ce moment de l'attachement excessif que j'ai eu pour mon bien aimé et bien regretté frère.

Non, je ne me reproche rien, mais on va voir que tout cela n'est pas fini et que la série de mes ennuis ne fait que commencer.

L'ÉTUDE HISTORIQUE

Encore une remarque que je dois ajouter.

Mon frère, frappé depuis longtemps des anachronismes incroyables qu'on trouve dans les œuvres historiques du Musée de Versailles, ne voulant pas imiter tant d'artistes dans leur légèreté, mit le soin le plus scrupuleux à vouloir demeurer irréprochable devant l'histoire pour tout ce qui tient au costume de ses personnages.

Ainsi nous mîmes dix huit mois à nous fixer seulement pour savoir quelle couronne nous mettrions sur la tête de notre Charlemagne. Devions-nous mettre la couronne de Nuremberg, celle qui y est, ou la couronne dite des rois de France, qui est au Louvre ? Nous mettions alternativement tantôt l'une, tantôt l'autre. Mais celle que nous avons adoptée sur la tradition, il fallait nous y arrêter.

Il en a été de même pour toutes les autres parties du costume des trois hommes. Mais, hélas ! encore hélas ! qui est-ce qui nous tient compte de ce genre de difficultés que nous avons eues à vaincre ?

1867

LE CHARLEMAGNE
EXPOSÉ LA PREMIÈRE FOIS EN PLATRE

UN ACTE DE LA PLUS INDIGNE JALOUSIE

Cette grande œuvre une fois faite, il fallait l'exposer, la faire connaître au public, et un tel travail ne pouvait être montré qu'à une exposition universelle.

Mon frère avait déjà exposé son grand monument du Brésil à une exposition ordinaire, au salon de

1861, au centre de la nef, où il dominait tout, ce qui avait excité beaucoup de jalousies contre lui : il ne voulait pas recommencer. On n'aime pas à avoir l'air de vouloir écraser les œuvres de ses confrères.

Enfin l'Exposition universelle tant désirée arriva : En 1867, on était sous l'Empire et l'Empire à son déclin. M. le comte de Nieuwerkerke, surintendant des Beaux-Arts, était dans toute sa puissance, et comme cet homme privilégié, qui était aussi sculpteur, venait de faire pour Lyon un Napoléon équestre, il ne permettait pas que d'autres fissent des statues équestres sans sa permission.

Et comme, de son côté, mon frère avait déjà à son actif deux grandes statues équestres et deux grands succès, il voyait en lui un rival terrible; aussi fit-il tout ce qu'il put pour nous nuire. (1)

Il fit d'abord un règlement qui rendait impossible l'admission des œuvres de grande dimension à la partie des Beaux-Arts, comme si ces grandes expositions exceptionnelles n'étaient pas faites pour les œuvres d'exception. Et malgré nos pressantes réclamations sur l'impossibilité où nous nous trouvions pour aller soumettre une pareille grande sculpture à l'examen de son jury, il refusa, malgré nos vives instances, de venir voir notre Charlemagne à notre atelier.

Force nous fut donc d'abandonner les Beaux-Arts et d'aller nous adresser à MM. les organisateurs de la partie industrielle. Ici nous arrivons à quelque

(1) Un incident ridicule l'avait déjà indisposé contre nous. Lors de l'exposition de notre statue équestre de Guillaume-le-Conquérant à Paris, avant son départ pour la Normandie, ne voilà-t-il pas qu'un imbécile de poète s'en va chez lui lui lire une longue tartine d'alexandrins, faisant des éloges à perte de vue de notre statue !... Et comme Nieuwerkerke avait fait un Guillaume-le-*Taciturne* à cheval qui est en Hollande, notre maladroit s'était trompé de Guillaume; jugez de l'effet: Nieuwerkerke restait *le Taciturne* et mon frère devenait *le Conquérant!*

chose de tout à fait grotesque. Ces messieurs nous accordèrent bien une place à l'entrée de leur exposition, à la porte Rapp, sur un des côtés de cette grande entrée, mais à la condition de leur fournir un pendant à notre groupe ! ! ! — *Un pendant !* comme si ces choses-là pouvaient s'improviser !

Heureusement que, par le plus grand des hasards, nous avions encore dans notre atelier, et à peu près en état, le plâtre de notre grande statue équestre de Dom Pedro du Brésil. L'affaire s'arrangea.

Mais cela nous faisait deux charges d'exposition pour une et deux piédestaux en charpente et en plâtre à construire, et tout cela à nos frais. Nous décorions leur entrée, et encore il nous en fallut tout payer.

Ah ! comme ces choses-là ont besoin d'être dites pour qu'on sache la punition qui attend celui qui se permet de ces genres de hardiesse !

Maintenant, nous arrivons à plus fort que cela, nous touchons à une véritable infamie ! — Quand il fut question de décerner les grandes récompenses, à qui M. le surintendant de Napoléon III fait-il donner ou plutôt donne-t-il lui-même le grand prix de sculpture ? A qui ? A quoi ? A *la statue équestre de Guillaume Ier, roi de Prusse* que personne n'avait remarquée ; à ce roi qui, trois ans après, devait capturer notre empereur et se faire proclamer lui-même empereur d'Allemagne en plein palais de Versailles ! ! ! O honte ! et double honte, et pour cet homme, et pour notre pays ! ! !

Mon frère, après tant d'injustices et malgré les satisfactions que nous avions recueillies du côté de la presse et du public, eut de la peine à s'en consoler. Il rentra ses deux grands plâtres dans l'atelier, garda l'un et brisa l'autre. Mais je regarde ceci comme le point de départ de la maladie qui devait l'emporter.

1878

LE CHARLEMAGNE EXPOSÉ LA DEUXIÈME FOIS EN BRONZE

MON FRÈRE MEURT! — JE RESTE SEUL

Le 14 février 1877, MM. Thiébaut, nos fondeurs, viennent nous proposer de fondre notre Charlemagne à leurs risques et périls, à la condition que cette grande sculpture serait mise à l'exposition comme produit de fonte de leur maison. On leur offrait le grand pavillon d'angle de la section française, à la condition d'y placer le Charlemagne. (1)

L'offre était trop belle et trop flatteuse pour nous ; nous acceptâmes de grand cœur, et nous nous mîmes aussitôt au travail du remontage de notre statue ; et comme l'exposition du plâtre en plein air en 1867 avait été pour nous une excellente épreuve, nous en profitâmes pour faire les corrections jugées nécessaires.

Puis comme nos fondeurs ne disposaient pas à cette époque, dans leur fonderie du faubourg Saint-Denis, du personnel capable qu'ils ont aujourd'hui, qu'ils possèdent la plus belle fonderie du monde, nous fûmes obligés de faire les montures et les préparatifs de fonte nous-mêmes ; ce qui fut excessivement pénible.

Et en avant, encore une fois, les moufles, les crics, chèvres, les charpentiers ! Et, pendant que mon frère ajustait ses deux hommes près du cheval, moi je travaillais aux montures avec les mouleurs, chose doublement pénible pour nous deux, qui brisa mon frère et me fit contracter, à moi, une infirmité dont je souffre toujours.

Aussi, quand l'hiver arriva, mon frère cessa tout travail, et le 21 janvier il expira sans avoir pu participer à l'achèvement du travail chez les fondeurs.

1 J'ai encore la lettre qui confirme le fait.

C'est donc moi seul qui, plongé dans la douleur, devais continuer l'œuvre à la fonderie, surveiller les montures, la ciselure, ajuster les hommes, fixer les rênes qui tiennent le cheval, etc., etc.

Puis, quand tout terminé je me suis rendu au Champ-de-Mars pour voir installer notre grande figure, j'ai été bien vivement contrarié en voyant qu'on la perchait si haut et qu'elle ne servait plus que de couronnement décoratif à tous les objets de l'industrie de fonte.

Mais que faire, que pouvais-je dire, dans la situation où je me trouvais ? Ces messieurs étaient chez eux, ce bronze leur appartenait matériellement, sinon moralement.

Et mon frère n'était plus là ! Lui, il aurait pu disposer d'une autorité que je n'avais pas ; il était exposant aux Beaux-Arts, les œuvres qui s'y trouvaient y étaient à son nom et non au mien. Je n'étais donc rien, absolument rien. Tout ceci m'avait annulé.

Peut-être trouvera-t-on que j'ai été trop humble en cette circonstance, que j'aurais dû quand même protester, que je me suis laissé trop effacer, moi et ma statue. J'en sais d'autres qui à ma place auraient fait du tapage, se seraient même adressés aux tribunaux ; cela réussit parfois dans les arts, ces procédés ignobles et scandaleux : moi je n'étais pas de ce monde-là. je n'en ai même pas eu un instant la pensée. J'estimais trop MM. Thiébaut pour me comporter de la sorte.

J'ai seulement demandé qu'on mît au pied de cette grosse construction en charpente de leur industrie, la grosse tête en plâtre du cheval, pour qu'on pût juger, dans le public, de l'importance de la grande statue placée là-haut. Ceci m'a été accordé. J'ai demandé aussi à mettre un crêpe sur ce plâtre pour indiquer que l'artiste était mort, ce qu'on fait généralement en pareil cas aux expositions des Beaux-Arts. Cela m'a été refusé.

Ainsi j'étais bien le continuateur légal de mon frère, et par testament, le co-auteur reconnu de ses travaux, et, je n'étais rien. Le diplôme d'honneur accordé aux Beaux-Arts pour nos autres œuvres était et ne pouvait être qu'au nom de *feu Louis Rochet*.

Aussi, quand est venu, la question des grandes récompenses pour l'industrie, MM. Thiébaut ont obtenu le grand prix, et c'était justice, et M. Thiébaut père a été nommé officier de la Légion d'honneur; moi, toujours rien ; il est vrai de dire que je n'ai rien sollicité : on n'a pas la moindre lettre de moi à ce sujet. Et, dans ce monde des vanités humaines, plus un homme s'efface, plus on cherche à l'annuler. Et puis le vent de Nieuwerkerke soufflait-il encore sur la direction des Beaux-Arts comme sur le jury ? C'est ce que je n'ai pu savoir, ou ce que je ne veux pas dire...

Ainsi voilà une œuvre qui a été exposée deux fois aux grandes expositions universelles et qui, comme œuvre d'art, n'a été ni admise, ni comptée, ni récompensée, une grande sculpture de premier ordre, dont les journaux ont été unanimes à dire du bien ; qui m'a ruiné et pour laquelle je n'ai reçu partout que des félicitations, des compliments, et... des coups de chapeaux.

Et tout cela, parce que c'est un produit de l'art qui ne passe pas par les ventes, qui ne subit pas le feu des enchères, à cause de son importance même. Ah ! comme nous sommes loin du genre de succès d'un tout petit tableau de Meissonnier ou du produit de vente de l'*Angelus* de Millet ! Et notez que notre grand bronze est fait pour durer cinquante siècles, quand tout ce qu'on admire aujourd'hui sera anéanti...

N'importe, la gloire dans les arts est une chose drôlement faite, et cela fait faire de bien amères réflexions.

L'exposition une fois terminée, MM. Thiébaut font démonter leur grand bronze et en transporter les fragments au dépôt des marbres du Champ-de-Mars.

Et voilà notre pauvre grand monarque couché sur l'herbe à côté de ses deux compagnons, attendant, pour savoir ce qu'on va faire de lui, et n'ayant pour tout protecteur, hélas ! qu'un pauvre petit bonhomme qui est moi, sans fortune, sans crédit, sans influence !

1882

CHARLEMAGNE AU PARVIS NOTRE-DAME

MM. Thiébaut, en gens honorables comme ils l'ont été toujours, sachant que la statue avait été mal vue à leur exposition, demandèrent à la Ville de l'exposer sur une place de Paris. Je passe sur les incidents qui ont appelé la raillerie sur ce sujet dans les journaux et même au théâtre : Charlemagne cherchant sa place, et je donne simplement la résolution que le Conseil municipal a prise.

Rapport présenté par M. Liouville, au nom de la Commission spéciale, sur la proposition de M. Vauthier, tendant à autoriser l'installation provisoire au square Notre-Dame d'une statue équestre de Charlemagne.

PROJET DE RÉSOLUTION

Adopté dans la séance du 17 mai 1879.

Le Conseil délibère :

La maison Thiébaut est autorisée, sur sa demande, à exposer provisoirement, à ses frais, sur l'emplacement de l'ancien Hôtel-Dieu, la statue équestre en bronze de Charlemagne, due aux frères Rochet, statuaires.

La statue ne fut mise en place que pour le 14 juillet 1882. Trois mortelles années à attendre, parce que le quai n'était pas fait et la place non préparée.

Mais ce qui me causa une vive joie et me donna confiance dans le résultat final, c'est que, pendant les travaux de montage des statues, qui durèrent trois semaines, moi et les miens, qui étions dans la foule des curieux, nous constatâmes que l'œuvre était très populaire et admirablement accueillie par toutes les parties de la population.

Je ne m'arrête pas aux quatorze années qu'il m'a fallu attendre avant que le Conseil municipal prît une détermination, ni sur ce qui a été débité de sottises sur le sort de notre statue, qu'on envoyait se promener partout dans le monde quand elle n'était faite que pour Paris.

Quant au Conseil municipal, il ne m'appartient pas de critiquer ce qui s'y est dit et fait pendant ces longues années d'attente : les uns trouvant que la République française ne devait pas élever une statue à cet homme qui a été... tout ce que l'on sait ; d'autres disant que ce grand monarque représente à lui seul toute une page de notre histoire et qu'on ne détruit pas l'histoire dans un pays.

Pour moi, s'il me faut aussi donner mon avis, je dis que, au milieu de tous ces temps d'invasions et de barbarie, Charlemagne m'apparaît comme une vive lumière jetée sur notre pays. Et que les deux guerriers qui l'accompagnent dans notre statue sont comme un symbole de l'union du Franc et du Gaulois, pour constituer notre France et la création de la langue française. Quoi de plus grand et de plus beau pour nous? (1) Donc Charlemagne a bien sa place à Paris, et notre statue est bien où elle est.

1896

LE CHARLEMAGNE PROPRIÉTÉ DE LA VILLE

Enfin, après tant d'années d'attente et de tourments endurés, j'ai la satisfaction d'apprendre que notre grande œuvre appartient définitivement à la Ville de Paris.

En même temps que le Conseil municipal prend possession du bronze, il prend également possession

(1) Qu'on pense à ce que nous venons de faire, après onze siècles, pour un autre empereur autocrate, et qu'on veuille bien réfléchir.

et responsabilité de l'œuvre d'art. Merci pour moi, merci pour la mémoire de mon frère, merci pour le nom que je laisserai à mes enfants, car je ne doute pas qu'une ville comme Paris ne fasse ce qu'il faut pour le respect d'une pareille œuvre.

Je remercie également MM. Thiébaut pour le sacrifice énorme qu'ils ont fait sur leur travail pour conduire l'œuvre à bonne fin.

Ceci m'impose encore de grands devoirs, ceux de faire en sorte que l'œuvre s'achève à la satisfaction de tous.

Voici l'exposé de mes vœux pour qu'il en soit ainsi. Et si l'œuvre n'est pas terminée à ma mort, je laisse par testament à mon fils, artiste également, mes dernières volontés pour qu'il fasse ce qu'il faut, à ma place.

CHARLES ROCHET.

DÉSIDÉRATA DU STATUAIRE

ADRESSÉS A MESSIEURS LES CONSEILLERS MUNICIPAUX, EN VUE DE L'ACHÈVEMENT COMPLET DU MONUMENT

L'EMPLACEMENT

Que la statue reste où elle est. Elle y est bien exposée, bien éclairée, se détachant sur le ciel, bien au centre du vieux Paris, en regard de la ville actuelle, et ne gênant en rien les services publics.

LE PIÉDESTAL

Qu'il soit en granit, de la grandeur et de la forme actuelle, tel que Viollet-Leduc, l'éminent architecte, m'en a fourni le dessin.

L'INSCRIPTION

Qu'elle soit conforme au désir de mon frère, rappelant que le grand monarque est né aux portes de Paris, avec lettres formées dans l'écriture du temps.

LA GRILLE

Qu'elle soit aussi dans le style de l'époque et faite en sorte de permettre de voir la statue de tous les côtés.

LE JARDIN

Qu'il n'ait rien de moderne et s'accorde aussi avec l'idée du monument, et qu'aucuns grands arbres ne dérobent la vue de la statue.

ACHÈVEMENT DU BRONZE

Qu'il soit terminé comme MM. Thiébaut l'ont toujours compris et me l'ont dit autrefois. Que la patine n'ait rien de factice; qu'elle soit faite de pure oxydation du métal, de façon à pouvoir traverser les siècles sans subir d'altération.

Que je puisse mettre par place, sur la statue principale, quelques dorures pour en rehausser l'éclat, si l'on m'en donne la permission.

LA FÊTE

Que la fête d'inauguration, si on en fait une, soit d'un caractère absolument civil, et historique, et national, et assez rapprochée pour que je puisse y assister.

Et, si je suis mort à cette époque, que mon fils, artiste comme moi, à qui j'ai légué mes instructions, soit admis à me remplacer.

Charles ROCHET,
Statuaire
Collaborateur et unique héritier
de Louis ROCHET.

Ecrit dans ma retraite, à Athis-Mons (Seine-et-Oise), le 9 juin 1896, à l'âge de 80 ans et 6 mois.

Corbeil. — Imprimerie Louis DREVET

www.ingramcontent.com/pod-product-compliance
Lightning Source LLC
LaVergne TN
LVHW052037160826
845678LV00003B/1393

* 9 7 8 2 3 2 9 6 2 4 9 8 3 *